GÉNÉALOGIE

DE LA MAISON DU MAS.

1850

GÉNÉALOGIE DE LA MAISON DU MAS

POUR ÊTRE PRÉSENTÉE A LA CHANCELLERIE.

BRANCHE DE LALANDE-DES-BOURBOUX.

La famille *du Mas de Lalande-des-Bourboux* a son berceau au château du Mas, commune de Saint-Éloi, près Ségur, en Limousin (département de la Corrèze), ainsi que le prouve le testament d'Eyméric, seigneur du Mas, de Saint-Éloi de la Serre, gouverneur et seigneur de Sadroc.

Il est difficile d'expliquer comment cette famille s'est transplantée dans cet endroit, car les papiers que possédait la branche aînée ont disparu pendant les guerres de religion ou pendant la tourmente révolutionnaire. S'il faut ajouter foi à quelques traditions, cette famille aurait pris part aux croisades.

Avant la révolution de 93, Étienne, chef actuel de la branche de Lalande des Bourboux, a vu un collier qu'on avait jusqu'alors transmis aux descendants comme provenant de la Terre-Sainte. Les antiquaires consultés ont déclaré qu'en effet il datait de cette époque. Aujourd'hui ce monument a disparu. S'il nous est permis de consulter l'écusson d'Eyméric, qui remonte au temps des croisades, nous demanderons pourquoi ces trois croissants, s'ils n'indiquent une action d'éclat contre une tribut de Mahomet; le chevron brisé désigne un guerrier, et ce lion n'est-il pas lui-même un signe de bravoure? De plus, au Musée de Versailles et dans les salles où sont peints les blasons des gentilshommes qui se croisèrent, se fait remarquer l'écusson de la maison du Mas.

Le château du Mas a dû être bâti au commencement du quatorzième siècle, puisqu'il porte le style d'architecture de cette époque. Existait-il au même lieu un autre château avant celui-ci? La famille lui a-t-elle donné son nom, ou l'en a-t-elle tiré? Nous l'ignorons complétement. Nous savons cependant qu'à l'époque déjà citée cette famille était très-ancienne; car, dans son testament, Eyméric parle de ses aieux, disant qu'il veut être enterré dans leur tombeau. Le Mas est très-bien situé; il domine le vallon où coule l'Auvezère, rivière qui va se joindre à l'Isle avant d'atteindre Périgueux. Du haut des tours, on pouvait comprendre les signaux qu'on faisait au château de Paysac, qui était possédé par une branche cadette descendante de Rigaud, fils aîné d'Eyméric; le dernier marquis de Paysac est mort à l'émigration depuis 93. Son frère habite Paris avec une de ses sœurs qui est mariée avec le vicomte de Fars, fils du comte de Ribérac. Cette branche a fourni plusieurs lieutenants généraux.

A un quart d'heure du Mas se trouve le magnifique château de Ségur qui, après avoir appartenu longtemps à l'antique maison de ce nom, est devenu la propriété des seigneurs du Mas.

Noble *Eyméric du Mas,* haut et puissant seigneur du Mas, de Saint-Éloi, de la Serre, de Sadroc, etc., damoiseau, gouverneur de Sadroc, était fils de Jean du Mas, officier à la cour de Jacques de Bourbon. D'après une lettre d'un marquis de Paysac, Jean était chef des pannetiers. Alain du Mas, fils puîné de Jean, était curé de Saint-Éloi, lorsque Eyméric, son frère, fit son testament.

Le château de la Serre, dont nous n'avons pas encore parlé, est situé dans un magnifique vallon et à côté de la petite ville de Vars qu'il semble protéger.

Sadroc a bien perdu de son ancienne importance; aujourd'hui ce n'est qu'un petit bourg, et il ne reste que très-peu de traces de cette place forte.

Une grande partie des terres dépendantes des châteaux mentionnés plus haut sont aujourd'hui entre les mains de M. Lavareille, qui porte le nom Dumas : ses pères étaient meuniers dans le Limousin; ils se disent sortis de la famille des seigneurs du Mas; mais il leur est impossible de justifier une telle prétention, qui leur est contestée par tous les membres actuellement vivants de cette maison.

Eyméric mourut laissant quatre enfants mâles, savoir : Rigaud,

Alain, Jean, et Hélie qu'il eut de noble Marguerite de Lavergne, son épouse. Voici en quels termes il fit son testament :

In nomine Patris et Filii et Spiritus Sancti. Amen.

Notum sid quod hodie, coram me notario publico, curiæ domini officialis lemovicensis præsentia et testium infra scriptorum; fuit præsens et personaliter constitutus nobilis Eymericus de Manso, damicellus, capitanus de Sadroc, dominus ejusdem loci et de la Serra, parrochianus Sancti Elegii propè Securum, qui quidem Eymericus de Manso æger corpore, tamen per Dei gratiam sanùs mente et intellectu cogitans de superiùs quod nihil est certius morte, nihil incertius horâ mortis; attendens et considerans quod in ultimas recensus et ad mortem pervenire, cupiens et affectans de suis bonis rebus et hæreditatibus mobilibus et immobilibus disponere et ordinare pro ut melius poterit ne ab humanis dissedere videatur intestatus testamentum suum ultimum voluntatem, ordinavit in hunc qui sequitur modum et formam, inprimis enim se signans et manibus venerabili signo Sanctæ Crucis sic dicendo : In nomine Patris et Filii et Spiritus Sancti. Amen. Animam suam commendavit altissimo creatori Deo patri omnipotenti, beatissimæque Virgini Mariæ ejusque genitrici, beatoque Michaeli archangelo, et beato Elegio suo patrono, totoque collegio civium superiorum, et vult quod corpus suum seu cadavor dum anima ejus ab eodem fuerit separata sæpeliatur in tumulis seu bustis Majorum seu suorum parentum prædecessorum ubi sint convocati quinquaginta presbyteri Missam celebrantes pro salute animæ ejus, totidem in octavâ et totidem in anniversario seu fine anni, et cuilibet detur et tradatur de bonis suis quolibet die dictarum trium dierum duos solidos turronenses, cum refectione corporali solvendos per hæredem suum universalem infrâ scriptum et vult amplius quod in quolibet dictarum trium dierum detur pauperibus duodecim saxtaria siliginii : item dedit pro reparatione ecclesiæ Sancti Eligii decem libras turronenses semel solvendos per dictum suum hæredem universalem de bonis suis, item, legavit cuilibet altari ecclesiæ Sancti Elegii unum cereum ponderis unâ librâ et tres in magno altari ejusdem ponderis in honorem sanctæ et individuæ Trinitatis, item dixit se habere Guilhemum Ranel servum suum claudum et impotentem et antiqum cui legavit victum et vestitum in domo et bonis ejusdem testatoris, tamdiù quamdiù vixerit in humanis, deindè dixit se habere ex se et defunctâ nobili Marguaritâ de Lavergna carâ ejus conjuge quatuor filios naturales et legitimos videlicet Rigaudum, Alarium, Joannem et Héliam, quibus Alario et Joanni dedit et legavit unicuique centum scuta parva et unum equum, et in eos fecit suos hæredes particulares, et dixit amplius quod sint jam duo anni Præterriti a quibus Elias filius suus dissessit et fuit in diœcesi Petrocorensi, nobilis concomitans potentis et nobilis Marguaritæ de Latour dominæ de Graniolis, cui si redierit dat et legat ei altera centum scuta parva semel solvenda et decem pro equo et in his eum fecit suum hæredem particularem et vult quod nihil ampliùs potuit petere in suis bonis; quoniam cunctum caput et fondamentum totius testamentis est hæredem instituere et nominare in residuis omnibus et singulis mobilibus et immobilibus præsentibus et futuris ubicùmque sint et existant ac quocumque nomina noncupentur, hæredem suum dictum universalem fecit, instituit et ordinavit, ac ore suo proprio nominavit dilectum Rigaudum de Manso filium ejus naturalem et legitimum et dictæ Marguaritæ de Lavergna uxoris ejus, quam succedere in omnibus et singulis suis bonis prædictis: executorem suum jam dicti testamenti fecit et ordinarit dictus testator venerabilem virum Alarium de Manso fratrem suum germanum rectorem ecclesiæ Sancti Elegii præsentem et onus acceptans cui dedit potestatem liberam accipere, vendere, distribuere ac alienare tantum quantum fuerit necessarium pro solvendo et adimplendo omnia singula legata, sua prædicta locis et personis quibus intererit ac generalitèr omnia alia faciendi exercendique boni viri et legitimi executores facere tenentur, et hoc est testamentum ejus ultimum nuncupativum seu sua ultima voluntas quod et quam valere volo, jubeo jure testamenti ultimi nuncupativi, ac si non valeat jure testamenti volo quod valeat jure codicillorum, quod valeat jure donationis si non valeat jure codicillorum causæ mortis seu alias quascumque ultimas voluntates; omnique et jure, vi ac modo et formâ quibus valere poterit, et dicit si unquam alias aliud fecerit sive condiderit testamentum sive testamenta, codicillum aut codicilla, donationem aut donationes, seu alias quascumque ultimas voluntates, illud, illum et illas de præsenti casso et revoco penitùs et annullo, nulliusque esse valoris volo hoc suo testamenti nuncupativo in suis robore et efficacia valeturo et permansuro: invocavit autem dictus testator, in testis, magistrum Heliam Fabri seniorem, magistrum Joannem Labroussa presbyter, Petrum Ranel, Arnaldum Quelcy, Ludovicum de Lacosta et Guilhemum Labroussa ibidem præsentes : quos rogat et quemlibet ipsorum, ut præmissis sint testis et memores et quod sigilla propria si habeant huic suo præsenti futuro testamento apponere : si verò non habeant quod de sigillo curiæ prædicti domini officialis lemovicensis, sint in hâc parte conscripti, non verò officialis prædictus ac instantians : dicti testatoris et requisitionem prædictorum testium sigillum curiæ nostræ prædictæ huic præsenti testamento ad majorem rei firmitatem diximus apponendum in fidem et testimonium, præmissorum unus dictum et actum fuit prædictum testamentum in loco de Manso propè Securrum diœcesis lemovicensis et in domo testatoris prædicti die decima quinta mensis Junii anno domini millesimo quadringentissimo septuagesimo sexto, signatum in pede veri originalis : Fabri testis prædictus, Pasqueti testis et Labroussa testis prædictus, et Latanet qui recepit.

HÉLIE,

CHEF DE LA BRANCHE DE LALANDE-DES-BOURBOUX.

La branche de Lalande des Bourboux, dont la généalogie nous occupe, a pour chef Hélie, fils d'Eyméric, et tire son nom du château de Lalande situé dans la paroisse de Bru de Grignols, en Périgord, sur un coteau dominant la petite plaine du Vergt, où l'on aperçoit Grignols, tandis que, d'un autre côté, on découvre la petite ville de Saint-Astier. On ne sait si ce fut Hélie, ou son fils du même nom, qui alla s'établir au château de Lalande.

Hélie était quatrième fils d'Eyméric du Mas; il s'établit en Périgord en 1474, ainsi qu'en fait foi le testament que nous venons de citer. Il accompagnait, en sa qualité de gentilhomme, très-noble et très-puissante dame Marguerite de Latour, épouse du seigneur de Grignols, dans le diocèse de Périgord. Il se maria en 1478 avec Françoise de Lageneste, issue de la maison noble de Lageneste, de la ville de Saint-Astier (maison qui est actuellement à Bordeaux).

Hélie mourut laissant quatorze enfants; savoir : Hélie, Jean, Isabeau, Sicaire, Marc, etc.

Cette branche doit ajouter le nom des Bourboux à celui de Lalande, parce qu'aujourd'hui elle est établie aux Bourboux.

HÉLIE IIe.

Hélie IIe, fils aîné d'Hélie et petit-fils du gouverneur de Sadroc, se maria en 1504 avec noble Charlotte de Pons de Villars, du lieu de Grignols, comme il est constaté par un acte judiciaire tiré et extrait par Me Duchillaud, procureur en l'élection de Périgueux. Il eut pour enfants : Rigaud, François, Léonard, Élizabeth et Françoise.

LÉONARD.

Léonard, fils aîné d'Hélie IIe, se maria en 1537 avec noble Marguerite de Merle, fille légitime de feu noble Hélie de Merle, écuyer, seigneur de Mongaillard, conseiller du roi et son lieutenant particulier en la sénéchaussée de Périgueux, et de noble Antoinette de Marthre, de la maison noble de Périgord. Le contrat de mariage fut retenu par Jay, notaire royal.

Le château de Montgaillard était à une demi-heure de la ville de Périgueux; aujourd'hui, il n'y a qu'une petite habitation adossée à une tour qui existe encore de l'ancien château.

Léonard eut sept enfants : Léonard, Jacques, Léon, François, Jeanne, Izabeau et Antoinette. Il fit ainsi son testament, qui fut retenu par Duchatenet, notaire royal :

« Au nom de Dieu qui a fait le ciel et la terre, du Père, du Fils » et du Saint-Esprit, grâce, paix et miséricorde. Amen. Sachent tous » à qui il appartiendra qu'aujourd'hui, après l'heure de midi, au re» paire noble de Lalande, paroisse de Bru, etc. » (*Voir* dans les papiers de la famille.)

Léonard, fils aîné dudit Léonard Ier, se maria en 1584 avec noble Anne de Bardon, de la maison noble de Segonzac, ce qui est constaté par un contrat passé par Carouzet. Il alla habiter au repaire noble de la Genèbre, dont il prit le nom, et mourut laissant deux enfants, François et Marguerite.

François, fils de Léonard du Mas de Lalande-de-la-Genèbre, se maria en 1619 avec noble Catherine de Belcier, et le contrat fut passé par Jay, notaire royal. Il fut taxé pour les états de noblesse en 1615, fut appelé pour le ban l'an 1626, sous le commandement de Mgr le duc d'Épernon; autre convocation suivant ses lettres de congé signées de Charles de Bourbon, à Auch, le 4 janvier 1628. Il contribua aux taxes et cotisations des députés de la noblesse.

Cette branche aînée de Lalande se termina par une fille qui se maria avec le marquis de Chauveron de Saint-Severin. Revenons à la branche cadette qui resta au château de Lalande, et qui est actuellement la branche aînée; elle a pour chef Jacques du Mas de Lalande.

JACQUES.

Jacques, second fils de Léonard du Mas, écuyer, seigneur de Lalande et autres lieux, se maria en 1597 avec noble Marie de Puybremont, fille légitime de feu messire Raymond de Puybremont, écuyer, seigneur de Pomier et autres lieux et places, chevalier de l'ordre du roi. Le contrat de mariage fut reçu par Papin, notaire royal de la ville de Parcoul.

Le château de Pomier était situé dans la paroisse de Parcoul, en Saintonge, et diocèse de Périgueux (aujourd'hui canton de Saint-Aulaye, arrondissement de Ribérac).

Jacques avait été appelé pour le ban, dans la compagnie d'ordonnance de Sa Majesté, en qualité de gendarme, commandée par Mgr d'Escard, vicomte de Bourdeille et gouverneur en Périgord, ensuite commandée par le seigneur d'Aubterre, en l'an 1594 et 1595. Il mourut *ab intestat* en 1604, laissant trois enfants : Léonard, Anne et Marguerite.

D'après quelques traditions, il paraîtrait que chaque gentilhomme du comté avait une maison dans le fort de Grignols, afin d'être plus intéressé à sa défense. A la mort de Jacques, son épouse Marie de Puybremont vendit, en 1604, une maison qu'il possédait dans ce fort, ce qui est prouvé par un contrat trouvé dans les papiers de la famille.

LÉONARD IIe.

Léonard IIe, fils aîné de Jacques, se maria en 1619 avec noble Marie du Rieu, du lieu de Villambrard, ainsi que le prouve un contrat reçu par Lacombe, notaire royal et tabellion héréditaire. Il eut un procès contre la paroisse de Bru et obtint un arrêt confirmatif de sa noblesse. Nonobstant cette extraction, si clairement prouvée par une foule d'actes, Léonard eut à soutenir un procès contre le marquis d'Excideuil, et obtint du sénéchal un arrêt où ledit noble Léonard est maintenu dans sa qualité, priviléges, droits d'immunités, etc. Cet arrêt fut rendu le 4 novembre 1636. Les syndics de la paroisse de Razac le comprirent aussi sur leurs rôles de tailles; mais il obtint de la Cour des aides un arrêt confirmatif de sa noblesse, le 27 mars 1647.

A cette même époque, il y eut par toute la France une foule de procès semblables, parce que plusieurs familles avaient usurpé des titres de noblesse. Ceux qui ne purent prouver leurs prétentions commencèrent déjà à former un parti nombreux de mécontents, qui se réunirent dans la suite pour renverser le corps de la noblesse dont ils venaient d'être repoussés.

Léonard établit sa généalogie par une enquête judiciaire, en 1647, pour prouver qu'il appartenait à la famille des seigneurs du Mas, comtes de Ségur, et des marquis de Paysac, seigneurs de la Serre, de Laxion, de Rouffiac, et autres lieux et places.

Pendant que Léonard, en qualité de capitaine en premier, commandait trois mille hommes d'armes, qui tenaient depuis Grignols jusqu'à Mucidan contre les calvinistes, le marquis de Sauvebœuf, capitaine des ennemis à Montanceix, pilla et brûla le château de Lalande en 1656; les propriétés restèrent deux ans sans être ensemencées, à cause des guerres civiles.

Vers cette époque, Henri, roi de Navarre, assiégeait le château de Ségur, qui fut vaillamment défendu par le représentant de la branche aînée du Mas, possesseur de ce château; et le roi fut forcé d'en abandonner le siége. On voit encore aujourd'hui les traces des boulets de canon.

Depuis lors, jusqu'en 1780, la famille du Mas de Lalande habita le repaire noble du Perrier, et conserva néanmoins la seigneurie de Lalande.

Léonard mourut laissant deux garçons, Pierre et Poncet, et deux filles, Jeanne et Marie.

PIERRE.

Pierre, fils aîné de Léonard IIe, se maria en 1655 avec noble Catherine du Castaing, fille légitime de Gabriel du Castaing, écuyer, seigneur de Leyzarnie, commune de Manzac, près Périgueux, et de noble Jeanne de Saint-Angel. Le contrat fut retenu par Beauzabit, notaire royal.

Il eut pour enfants, Pierre et Jeanne. On peut lire son testament dans les papiers de la famille.

PIERRE IIe.

Pierre IIe se maria en 1693 avec noble Anne de Tortel de Grammont, fille légitime de Raymond de Tortel de Grammont, écuyer, seigneur de la Rivière, conseiller du roi, magistrat présidial au siége de la présente ville, et de feue noble Bertrande-Marie-Arnaude de Geolie, dont le contrat fut reçu par Vigier, notaire royal.

De ce mariage provinrent sept enfants : Sicaire-Étienne, François, Raymond, Marie, Anne, Marie, et autre Marie.

SICAIRE-ÉTIENNE.

Sicaire-Étienne, fils de Pierre IIe, se maria en 1736 avec Jeanne de Chantegrel, fille légitime de Pierre de Chantegrel, seigneur des Janissoux, commune de Saint-Michel, canton de Vergt (aujourd'hui noble maison de Lamarcodie), dont le contrat fut retenu par Labrandie, notaire royal.

Il eut trois enfants : François-Cosme, Marie et autre Marie.

FRANÇOIS-COSME.

François-Cosme se maria en 1779 avec noble Françoise de Vaucocour, fille légitime de feu messire Henri de Vaucocour, chevalier, seigneur de la Roche, et de dame Marie-Céleste de Boutinaud. Le château de la Roche est près de Mucidan; celui de Vaucocour, d'où est sortie cette famille, est situé dans la ville de Thiviers : il est actuellement possédé par la famille Gaillard, qui l'acheta en 1730; il fut vendu par décret : les auteurs de cette famille étaient fermiers des terres du marquisat de Vaucocour.

En 1780, Cosme acheta la seigneurie des Bourboux et vint y habiter; il mourut en 1791, au moment où il allait partir pour l'émigration, et laissa un fils nommé Sicaire-Étienne, actuellement vivant.

SICAIRE-ÉTIENNE IIe.

Sicaire-Étienne, deuxième du nom, s'est marié en 1805 avec noble Jeanne-Luce de Montard, fille légitime de messire Jean de Montard, écuyer, habitant au Mas-d'Agenais. Il a deux enfants : Anne et Matthieu.

Messire Étienne a déposé ses titres de noblesse en l'étude de Me Bardèche, notaire à Lévignac (Lot-et-Garonne); en l'étude de Me Malardeau, notaire à Marmande, et en l'étude de Me Raynaud, notaire à Périgueux.

Les armes de la famille du Mas de Lalande-des-Bourboux sont encore telles qu'au temps d'Eyméric, gouverneur de Sadroc :

Champ d'azur, au chevron d'or, au lion rampant d'argent regardant une étoile mise à l'aisée entre la plus haute patte du lion, sa tête et le chevron, à trois croissants d'argent mis en chef, supports de griffons aîlés.

Les autres branches connues de la famille du Mas sont :

1° *La branche de Paysac*. Elle a pour auteur Jacques, fils de Rigaud et petit-fils d'Eyméric. Les membres qui la composent sont : M. le comte de Paysac (son frère le marquis est mort à l'émigration); Mme la vicomtesse de Fars, mariée avec M. le vicomte de Fars, fils cadet de M. le comte de Ribérac; et Mme de Vins du Manègre.

Il existe une seconde branche de Paysac, mais on ne sait où elle réside.

2° *La branche de Félinas*. Messire de Félinas est marié avec Mlle de Salignac de Fénélon.

On croit qu'il existe encore quelques autres branches de cette maison; les preuves ne sont pas suffisantes, quoiqu'elles soient très-probables. Ces branches seraient :

1° *La branche de Villepinte*. M. le lieutenant-général comte Matthieu du Mas a dit dans une lettre que, d'après une tradition de famille, ils sortent de la maison du Mas de Lalande.

2° *La branche de la Roque*. M. du Mas de Boisgramont, frère de M. de la Roque, rencontra à Bordeaux, avant la révolution de 93, le marquis de Paysac, et lui dit qu'une tradition de famille le rattachait aux seigneurs du Mas, des environs de Ségur. Messire de Paysac n'en trouva aucune trace dans ses papiers. Il s'en informa auprès de messire de Lalande, qui ne trouva lui-même aucune preuve, mais cependant des probabilités.

Il peut encore exister d'autres branches de la famille du Mas, mais elles ne sont pas connues.

Bordeaux.— Imprimerie de Henry FAYE, rùe Sainte-Uatherine, 139.

www.ingramcontent.com/pod-product-compliance
Lightning Source LLC
Chambersburg PA
CBHW060711280326
41933CB00012B/2394
9782013526043